Vente du Jeudi 13 Novembre 1884

OBJETS D'ART

ET DE

HAUTE CURIOSITÉ

Provenant du Cabinet de M. B. de L***

Mᵉ **QUÉVREMONT**, Commissaire-Priseur, 46, rue Richer.

M. **GANDOUIN**, Expert, 42, rue Le Peletier.

EXPOSITION PUBLIQUE

Le Mercredi 12 Novembre 1884, de 1 heure à 5 heures.

IMPRIMERIE CENTRALE DES CHEMINS DE FER. — IMPRIMERIE CHAIX
RUE BERGÈRE, 20, PARIS. — 26668-4.

OBJETS D'ART

ET DE HAUTE CURIOSITÉ

PROVENANT DU CABINET DE M. B. DE L***

REMARQUABLES OBJETS DU XVIᵉ SIÈCLE

ORFÈVRERIE SACRÉE DES XVᵉ ET XVIᵉ SIÈCLES

Crédences, Meubles, Coffres, Panneaux

En bois sculpté, des époques Louis XII, François Iᵉʳ et Louis XVI.

FERS FORGÉS ANCIENS

TRÈS BELLE ESCARCELLE

à Fermeture en fer ciselé du xvᵉ siècle.

Broderies, Étoffes Chasubles du XVIᵉ siècle

Remarquable BOISERIE sculptée

Époque du Premier Empire, ornée de Bronzes dorés.

HUIT BELLES TAPISSERIES & TAPISSERIES VERDURES

HOTEL DROUOT – SALLE Nᵒ 1

Le Jeudi 13 novembre 1884, à deux heures.

Mᵉ QUÉVREMONT	**M. GANDOUIN**
COMMISSᵉ-PRISEUR	EXPERT
46, rue Richer.	Rue Le Peletier, nᵒ 42.

Chez lesquels se trouve le Catalogue.

EXPOSITION PUBLIQU

Le Mercredi 12 Novembre 1884, de 1 heure à 5 heures

PARIS — 1884

CONDITIONS DE LA VENTE

Elle aura lieu au comptant.

Les adjudicataires paieront CINQ POUR CENT en sus du prix d'adjudication.

DÉSIGNATION

1 — Monstrance reliquaire du XVe siècle, en cuivre ciselé, gravé, doré ornée de plaques en argent gravé, et de médaillons en argent niellé.
Très belle Pièce dont le clocheton est orné de figures de saints en relief, remarquable travail bien conservé.

2 — Monstrance du XVe siècle, en cuivre doré, ciselé. gravé, dont le reliquaire est orné aux angles de figures de saintes, le pied est orné de motifs d'architecture gothique, le clocheton, orné de même est surmonté d'un Christ en croix.

3 — Belle Monstrance du XVIe siècle, cuivré, gravé, ciselé, doré, dont le reliquaire de forme hexagonale est orné de clochetons, et surmontée d'un Christ en croix.

4 — Très grande Monstrance du XVIe siècle, en cuivre gravé, ciselé et doré, le pied en forme de
croix est orné de cabochons, le clocheton su-
périeur renferme une statuette de la Vierge.
Cet objet a son étui de l'époque, en cuir doré
au petits fers.

5 — Fer. — Très beau Marteau de porte (Heurtoir),
gravé et orné d'inscriptions; les rondelles à
jour sont richement ornées. Art gothique espa-
pagnol.

6 — Argent. — Ceinture du XVIe siècle, chaque
maillon orné de fruits en reliefs.
Jolie pièce très bien ciselée.

7 — Coquille renfermant, en cire peinte, une figure de
Naïade.

8 — Table de l'époque Louis XIII, marqueterie de bois
pieds dits à tréteaux.

9 — Paire de Flambeaux en bronze ciselé et doré,
époque Louis XVI, modèle à piastres et guirlandes.

10 — Paire de Flambeaux, époque Louis XIV, très
richement ornés et ciselés, modèle à balustre.

11 — Autre paire de même époque, modèle à balustre
carré, très riche ornementation et exécution.

12 — Croix d'autel, bronze ciselé et doré, époque du
XVIe siècle, avec socle en triangle.

13 — Très belle Croix processionnelle, en cuivre émaillé,
à réserves, très beau travail du XVIe siècle
(Art vénitien.)

14 — Paire de Bras-appliques, en bronze, à une lumière, modèle à gane et médaillon, époque Louis XIV, bien ciselés.

15 — Paire de Bras-appliques, bronze ciselé, à une lumière, modèle à masque, époque Louis XIV.

16 — Deux Flambeaux, bronze ciselé du xvi° siècle, modèle à base triangulaire et guerrier debout.

17 — Paire de Flambeaux du xvi° siècle, art italien, ornés d'arabesques.

18 — Croix processionnelle en cuivre repoussé, gravé et doré, travail du xvi° siècle, les bras de la croix sont ornés de figures d'apôtres et des animaux de l'Apocalypse.

19 — Deux Réchauds en bronze ciselé, du xvi° siècle, art italien, la ceinture ornée de masques et cariatides.

20 — Lampe en cuivre, à trois becs, époque Louis XIV.

21 — Collier Carcan, en bronze, travail du xvi° siècle.

22 — Coffret, Écritoire du xvii° siècle, en ébène et ivoire incrusté ; le couvercle à l'intérieur, est décoré de plaquettes en ivoire gravé à sujets allégoriques et au centre des armoiries de Charles-Quint. Très bel état de conservation, daté **1662**.

23. — Coffret rectangulaire persan, travail très ancien.

24 — Argent — Deux beaux chefs de bâtons de Chantre, ornés en relief sur deux zones, des figures des Apôtres et de cariatides détachées.

Très beau travail du xvi° siècle, ciselé et gravé.

25 — Petite Pendule de bureau époque Louis XIV ; signée Thuret à Paris. La plaque qui orne la façade est en cuivre gravé et doré,

26 — Grand Coffret en bois de Santal et marqueterie
de nacre gravée. Cet objet représente l'église
du Saint-Sépulcre.

Travail du xviie siècle.

27 — Fauteuil forme d'un X en bois, époque Louis XIII.

28 — Coffre du xvie siècle, rinceaux, amours et masque,
noyer sculpté.

29 — Table, forme dite Rognon, en palissandre, époque
Louis XV.

30 — Grande Chaise Louis XIII, recouverte en cuir
gravé.

31 — Tabouret Louis XIII, recouvert en tapisserie au
point.

32 — Tabouret recouvert Louis XIII, tapisserie au point.

33 — Grand Écran, tapisserie au point, époque Louis
XIV, avec personnage dansant.

34 — Quatre Chaises en cuir gravé, époque Louis XIII.

35 — marbre. Henri IV en buste de grandeur nature,
travail du temps de ce roi.

36 — Beau Cabinet hispano-mauresque, avec parties
dorées et son piétement, le tout orné de fer doré.

37 — Broderie de soie, portrait de Louis XVI, entouré
d'une couronne de fleurs, travail du temps.

38 — **Lawrence**. — Portrait de femme, gouache.

39 — **Watteau** (école de). — Conversation cham-
pêtre.

40 — Tapisserie des Gobelins. La Madeleine, très beau
tableau en tapisserie, lamé, or et argent.

41 — **École Hollandaise**. — Petits Portraits de
savants, peints en grisaille.

42 — Fer. — Escarcelle du xvi⁴ siècle. L'anneau
mobile et le fermoir de l'escarcelle, en fer
ciselé et repercé, est orné de meneaux ajourés,
de deux lions assis et de fenêtres à motifs
d'architecture. Pièce remarquable par sa conservation et son exécution.

43 — Cabinet de l'époque Louis XIII, à portes pleines.
Marqueterie de bois de couleurs, fabrication
de Savone.

44 — Crédence de l'époque Louis XII, en chêne
sculpté, portes ornées de guerriers et figures
allégoriques.

45 — Coffre italien, noyer, sculpté, du xvi⁴ siècle. Her-
cule et le Lion de Némée.

46 — Autre à guirlandes ; même époque.

47 — Deux grands Escabeaux vénitiens. Lions sculptés.

48 — Fauteuil époque Louis XIII, avec bras ornés de
bustes de femmes.

49 — Grand Paravent, époque Louis XIV, cuir peint
et gravé, décor de Chinois.

50 — Petite Table Louis XVI, bois de rose.

51 — Table de l'époque Louis XIII, à colonnettes et
arcades.

52 — Grand Coffre, avec armoiries, xvi⁴ siècle.

53 — Grand Meuble de l'époque Louis XIII, en chêne
sculpté, à demi colonnes torses, et sculptures
d'application.

54 — Tabouret époque Louis XIV, en noyer sculpté.

55 — Grande et magnifique Boiserie de l'époque du
premier Empire, comprenant de très beaux panneaux sculptés, dorés et ornés de bronzes ciselés
et dorés.

56 — Grand et magnifique Panneau de l'époque
Louis XIV en chêne sculpté et ajouré, enfants,
rinceaux et corbeille de fleurs.

57 — Grand Panneau en fer repoussé avec rinceaux,
mascaron et chiffre, très beau travail de l'époque Louis XIV.

58 — Grande Armoire à portes pleines, époque gothique. Les portes richement ornées.

59 — Six Balcons en fer forgé, époque Louis XIV, très
riche ornementation.

60 — Sous ce numéro, diverses Statues en bois
sculpté.

61 — **Émail de Limoges.** — Coupe exécutée par
Jean Raimond. Le pied réparé.

62 — **Émail de Limoges.** — La Flagellation.

63 — **Bronze.** — Saint Sébastien, très belle statuette
ciselée et dorée, du xviie siècle.

64 — **Bronze.** — Pallas, autre statuette de même
époque.

65 — **Bronze.** — Figure allégorique, de même époque.

66 — Glace de l'époque Louis XV avec cadre en bois
sculpté.

67 — Glace, cadre en ébène guillochée, de l'époque
Louis XIII.

68 — Très beau Cadre de l'époque Louis XIII, en bois
sculpté et doré.

69 — Grande Crédence à dais, de style gothique.

70 — Très beau Cabinet en noyer sculpté, par Berru-
guete (xvie siècle).

71 — Glace octogone avec cadre en bois noir et applications de bronzes et cuivres repoussés et dorés de l'époque Louis XIII.

72 — Grand Lustre en bronze doré, portant au centre une lampe ; en circonférence trois lampes et trois bras chacun à cinq lumières.

73 — Très jolie Cage en bois de palissandre et os tourné, travail de l'époque Louis XIV.

74 — Très beau Devant de lit breton en bois sculpté et tourné, travail de l'époque Louis XIV.

75 — Deux Statues en bois sculpté, travail du xviie siècle.

76 — Belle Armoire sculptée.

77 — Boîte en cuir doré aux petits fers.

78 — Sous ce n°, divers Objets omis.

ÉTOFFES ET BRODERIES

Du XVe au XVIIe siècle

79 — Dalmatique en velours rouge, avec morceaux de soie brochés d'or du xvie siècle, très belle qualité.

80 — Autre ; de même travail, époque et qualité.

81 — Chasuble de l'époque Louis XIII, velours rouge, avec bande d'ornementation, brodée d'or et réappliquée.

82 — Autre ; très belle Chasuble à bande d'or, ornements à portiques et saints, en soie de cou-
leur.

83 — Chasuble du xvi° siècle en brocatelle à tons
verts et bande brochée d'or ; très belle qualité.

84 — Dalmatique velours rouge de l'époque gothique,
brochée à applications d'ornements en soie
soutachée ; au centre desquels est en médaillon
des figures de la vierge et de saints.

85 — Trois grands Lambrequins ou pentes de lit en
velours de soie brodés de passementerie au
paillon, époque du xvi° siècle.

86 — Six petits Tapis d'Orient brochés de velours.

87 — Lambrequin et quatre Panneaux tapisserie au
point, époque Louis XIII.

88 — Quatre Bandes tapisserie au point, époque
Louis XIV.

89 — Devant d'autel en application de soie jaune soutachée, sur fond rouge, travail du xvi° siècle.

90 — Grand Couvre-Lit en soie grenat piquée à l'ai-
guille, ornementation du xvi° siècle.

91 — Sept pièces, Rideaux et Lambrequins, Tenture
de lit en filet de soie bleue et broderie de soie
blanche, travail de l'époque Louis XIII, très
beau dessin et très belle qualité.

92 — Sous ce numéro, diverses pièces d'étoffes provenant
de Chapes et Chasubles.

FAIENCES ANCIENNES, HISPANO-MAURESQUE

93 — Très beau Plat à ombilic et marli gaufré, très richement décoré d'ornements à reflets mordorés.

94 — Autre à ombilic plus petit que le précédent, le marli et l'ombilic gaufrés, décor bleu et ornements à reflets mordorés.

OBJETS DIVERS

95 — Coffret de l'époque Louis XIV à couvercle bombé, marqueterie en Boule, en cuivre écaille et étain gravé.

96 — Divers objets non décrits.

TAPISSERIES

97 — Suite de 7 Tapisseries ornées de leurs broderies et représentant l'histoire d'Antoine et de Cléopâtre. Manufacture d'Aubusson.

98 — Portière, fragment d'une Tapisserie du xvie siècle.

99 — Six Tapisseries verdures et à personnages.

100 — École française xvie siècle. Tableau peint sur toile, représentant un prince de Savoie auquel l'on place les insignes de chevalier, devant les seigneurs de la Cour, les hérauts et les hommes d'armes; au fond, dans des tribunes, un concert, et au premier plan le fou du prince. Tableau des plus intéressants.